Agenda

2019-2020

Ce planificateur appartient à:

Nom: ....

Anniversaire: ....

Adresse: ....

Mobile: ....

E-mail: ....

Objectifs

_____
_____
_____
_____
_____
_____
_____
_____
_____
_____
_____
_____
_____
_____
_____
_____
_____
_____
_____
_____

Liste d'anniversaire

NOM	DATE	NOM	DATE

JAN 2019
LU MA ME JE VE SA DI

		1	2	3	4	5	6
7	8	9	10	11	12	13
14	15	16	17	18	19	20
21	22	23	24	25	26	27
28	29	30	31			

FÉV 2019
LU MA ME JE VE SA DI

				1	2	3
4	5	6	7	8	9	10
11	12	13	14	15	16	17
18	19	20	21	22	23	24
25	26	27	28			

MAR 2019
LU MA ME JE VE SA DI

				1	2	3
4	5	6	7	8	9	10
11	12	13	14	15	16	17
18	19	20	21	22	23	24
25	26	27	28	29	30	31

AVR 2019
LU MA ME JE VE SA DI

1	2	3	4	5	6	7
8	9	10	11	12	13	14
15	16	17	18	19	20	21
22	23	24	25	26	27	28
29	30					

MAI 2019
LU MA ME JE VE SA DI

		1	2	3	4	5
6	7	8	9	10	11	12
13	14	15	16	17	18	19
20	21	22	23	24	25	26
27	28	29	30	31		

JUIN 2019
LU MA ME JE VE SA DI

					1	2
3	4	5	6	7	8	9
10	11	12	13	14	15	16
17	18	19	20	21	22	23
24	25	26	27	28	29	30

JUIL 2019
LU MA ME JE VE SA DI

1	2	3	4	5	6	7
8	9	10	11	12	13	14
15	16	17	18	19	20	21
22	23	24	25	26	27	28
29	30	31				

AOÛT 2019
LU MA ME JE VE SA DI

			1	2	3	4
5	6	7	8	9	10	11
12	13	14	15	16	17	18
19	20	21	22	23	24	25
26	27	28	29	30	31	

SEP 2019
LU MA ME JE VE SA DI

						1
2	3	4	5	6	7	8
9	10	11	12	13	14	15
16	17	18	19	20	21	22
23	24	25	26	27	28	29
30						

OCT 2019
LU MA ME JE VE SA DI

1	2	3	4	5	6
7	8	9	10	11	12	13
14	15	16	17	18	19	20
21	22	23	24	25	26	27
28	29	30	31			

NOV 2019
LU MA ME JE VE SA DI

				1	2	3
4	5	6	7	8	9	10
11	12	13	14	15	16	17
18	19	20	21	22	23	24
25	26	27	28	29	30	

DÉC 2019
LU MA ME JE VE SA DI

						1
2	3	4	5	6	7	8
9	10	11	12	13	14	15
16	17	18	19	20	21	22
23	24	25	26	27	28	29
30	31					

JAN 2020
LU MA ME JE VE SA DI

		1	2	3	4	5
6	7	8	9	10	11	12
13	14	15	16	17	18	19
20	21	22	23	24	25	26
27	28	29	30	31		

FÉV 2020
LU MA ME JE VE SA DI

					1	2
3	4	5	6	7	8	9
10	11	12	13	14	15	16
17	18	19	20	21	22	23
24	25	26	27	28	29	

MAR 2020
LU MA ME JE VE SA DI

						1
2	3	4	5	6	7	8
9	10	11	12	13	14	15
16	17	18	19	20	21	22
23	24	25	26	27	28	29
30	31					

AVR 2020
LU MA ME JE VE SA DI

		1	2	3	4	5
6	7	8	9	10	11	12
13	14	15	16	17	18	19
20	21	22	23	24	25	26
27	28	29	30			

MAI 2020
LU MA ME JE VE SA DI

				1	2	3
4	5	6	7	8	9	10
11	12	13	14	15	16	17
18	19	20	21	22	23	24
25	26	27	28	29	30	31

JUIN 2020
LU MA ME JE VE SA DI

1	2	3	4	5	6	7
8	9	10	11	12	13	14
15	16	17	18	19	20	21
22	23	24	25	26	27	28
29	30					

JUIL 2020
LU MA ME JE VE SA DI

		1	2	3	4	5
6	7	8	9	10	11	12
13	14	15	16	17	18	19
20	21	22	23	24	25	26
27	28	29	30	31		

AOÛT 2020
LU MA ME JE VE SA DI

					1	2
3	4	5	6	7	8	9
10	11	12	13	14	15	16
17	18	19	20	21	22	23
24	25	26	27	28	29	30
31						

SEP 2020
LU MA ME JE VE SA DI

	1	2	3	4	5	6
7	8	9	10	11	12	13
14	15	16	17	18	19	20
21	22	23	24	25	26	27
28	29	30				

OCT 2020
LU MA ME JE VE SA DI

			1	2	3	4
5	6	7	8	9	10	11
12	13	14	15	16	17	18
19	20	21	22	23	24	25
26	27	28	29	30	31	

NOV 2020
LU MA ME JE VE SA DI

						1
2	3	4	5	6	7	8
9	10	11	12	13	14	15
16	17	18	19	20	21	22
23	24	25	26	27	28	29
30						

DÉC 2020
LU MA ME JE VE SA DI

	1	2	3	4	5	6
7	8	9	10	11	12	13
14	15	16	17	18	19	20
21	22	23	24	25	26	27
28	29	30	31			

AOÛT 2019

01	JE	
02	VE	
03	SA	
04	DI	
05	LU	32
06	MA	
07	ME	
08	JE	
09	VE	
10	SA	
11	DI	
12	LU	33
13	MA	
14	ME	
15	JE	
16	VE	
17	SA	
18	DI	
19	LU	34
20	MA	
21	ME	
22	JE	
23	VE	
24	SA	
25	DI	
26	LU	35
27	MA	
28	ME	
29	JE	
30	VE	
31	SA	

SEPTEMBRE

01	DI	
02	LU	36
03	MA	
04	ME	
05	JE	
06	VE	
07	SA	
08	DI	
09	LU	37
10	MA	
11	ME	
12	JE	
13	VE	
14	SA	
15	DI	
16	LU	38
17	MA	
18	ME	
19	JE	
20	VE	
21	SA	
22	DI	
23	LU	39
24	MA	
25	ME	
26	JE	
27	VE	
28	SA	
29	DI	
30	LU	40

OCTOBRE

01	MA	
02	ME	
03	JE	
04	VE	
05	SA	
06	DI	
07	LU	41
08	MA	
09	ME	
10	JE	
11	VE	
12	SA	
13	DI	
14	LU	42
15	MA	
16	ME	
17	JE	
18	VE	
19	SA	
20	DI	
21	LU	43
22	MA	
23	ME	
24	JE	
25	VE	
26	SA	
27	DI	
28	LU	44
29	MA	
30	JE	
31	VE	

NOVEMBRE

01	VE	
02	SA	
03	DI	
04	LU	45
05	MA	
06	ME	
07	JE	
08	VE	
09	SA	
10	DI	
11	LU	46
12	MA	
13	ME	
14	JE	
15	VE	
16	SA	
17	DI	
18	LU	47
19	MA	
20	ME	
21	JE	
22	VE	
23	SA	
24	DI	
25	LU	48
26	MA	
27	ME	
28	JE	
29	VE	
30	SA	

DÉCEMBRE

01	DI	
02	LU	49
03	MA	
04	ME	
05	JE	
06	VE	
07	SA	
08	DI	
09	LU	50
10	MA	
11	ME	
12	JE	
13	VE	
14	SA	
15	DI	
16	LU	51
17	MA	
18	ME	
19	JE	
20	VE	
21	SA	
22	DI	
23	LU	52
24	MA	
25	ME	
26	JE	
27	VE	
28	SA	
29	DI	
30	LU	01
31	MA	

JANVIER 2020

01	ME	
02	JE	
03	VE	
04	SA	
05	DI	
06	LU	02
07	MA	
08	ME	
09	JE	
10	VE	
11	SA	
12	DI	
13	LU	03
14	MA	
15	ME	
16	JE	
17	VE	
18	SA	
19	DI	
20	LU	04
21	MA	
22	ME	
23	JE	
24	VE	
25	SA	
26	DI	
27	LU	05
28	MA	
29	ME	
30	JE	
31	VE	

FÉVRIER

01	SA	
02	DI	
03	LU	06
04	MA	
05	ME	
06	JE	
07	VE	
08	SA	
09	DI	
10	LU	07
11	MA	
12	ME	
13	JE	
14	VE	
15	SA	
16	DI	
17	LU	08
18	MA	
19	ME	
20	JE	
21	VE	
22	SA	
23	DI	
24	LU	09
25	MA	
26	ME	
27	JE	
28	VE	
29	SA	

MARS

01	DI	
02	LU	10
03	MA	
04	ME	
05	JE	
06	VE	
07	SA	
08	DI	
09	LU	11
10	MA	
11	ME	
12	JE	
13	VE	
14	SA	
15	DI	
16	LU	12
17	MA	
18	ME	
19	JE	
20	VE	
21	SA	
22	DI	
23	LU	13
24	MA	
25	ME	
26	JE	
27	VE	
28	SA	
29	DI	
30	LU	14
31	MA	

AVRIL

01	ME		
02	JE		
03	VE		
04	SA		
05	DI		
06	LU		15
07	MA		
08	ME		
09	JE		
10	VE		
11	SA		
12	DI		
13	LU		16
14	MA		
15	ME		
16	JE		
17	VE		
18	SA		
19	DI		
20	LU		17
21	MA		
22	ME		
23	JE		
24	VE		
25	SA		
26	DI		
27	LU		18
28	MA		
29	ME		
30	JE		

MAI

01	VE		
02	SA		
03	DI		
04	LU		19
05	MA		
06	ME		
07	JE		
08	VE		
09	SA		
10	DI		
11	LU		20
12	MA		
13	ME		
14	JE		
15	VE		
16	SA		
17	DI		
18	LU		21
19	MA		
20	ME		
21	JE		
22	VE		
23	SA		
24	DI		
25	LU		22
26	MA		
27	ME		
28	JE		
29	VE		
30	SA		
31	DI		

JUIN

01	LU		23
02	MA		
03	ME		
04	JE		
05	VE		
06	SA		
07	DI		
08	LU		24
09	MA		
10	ME		
11	JE		
12	VE		
13	SA		
14	DI		
15	LU		25
16	MA		
17	ME		
18	JE		
19	VE		
20	SA		
21	DI		
22	LU		26
23	MA		
24	ME		
25	JE		
26	VE		
27	SA		
28	DI		
29	LU		27
30	MA		

JUILLET

01	ME		
02	JE		
03	VE		
04	SA		
05	DI		
06	LU		28
07	MA		
08	ME		
09	JE		
10	VE		
11	SA		
12	DI		
13	LU		29
14	MA		
15	ME		
16	JE		
17	VE		
18	SA		
19	DI		
20	LU		30
21	MA		
22	ME		
23	JE		
24	VE		
25	SA		
26	DI		
27	LU		31
28	MA		
29	ME		
30	JE		
31	VE		

AOÛT

01	SA		
02	DI		
03	LU		32
04	MA		
05	ME		
06	JE		
07	VE		
08	SA		
09	DI		
10	LU		33
11	MA		
12	ME		
13	JE		
14	VE		
15	SA		
16	DI		
17	LU		34
18	MA		
19	ME		
20	JE		
21	VE		
22	SA		
23	DI		
24	LU		35
25	MA		
26	ME		
27	JE		
28	VE		
29	SA		
30	DI		
31	LU		36

SEPTEMBRE

01	MA		
02	ME		
03	JE		
04	VE		
05	SA		
06	DI		
07	LU		37
08	MA		
09	ME		
10	JE		
11	VE		
12	SA		
13	DI		
14	LU		38
15	MA		
16	ME		
17	JE		
18	VE		
19	SA		
20	DI		
21	LU		39
22	MA		
23	ME		
24	JE		
25	VE		
26	SA		
27	DI		
28	LU		40
29	MA		
30	ME		

OCTOBRE

01	JE	
02	VE	
03	SA	
04	DI	
05	LU	41
06	MA	
07	ME	
08	JE	
09	VE	
10	SA	
11	DI	
12	LU	42
13	MA	
14	ME	
15	JE	
16	VE	
17	SA	
18	DI	
19	LU	43
20	MA	
21	ME	
22	JE	
23	VE	
24	SA	
25	SA	
26	LU	44
27	MA	
28	ME	
29	JE	
30	VE	
31	SA	

NOVEMBRE

01	DI	
02	LU	45
03	MA	
04	ME	
05	JE	
06	VE	
07	SA	
08	DI	
09	LU	46
10	MA	
11	ME	
12	JE	
13	VE	
14	SA	
15	DI	
16	LU	47
17	MA	
18	ME	
19	JE	
20	VE	
21	SA	
22	DI	
23	LU	48
24	MA	
25	ME	
26	JE	
27	VE	
28	SA	
29	DI	
30	LU	49

DÉCEMBRE

01	MA		
02	ME		
03	JE		
04	VE		
05	SA		
06	DI		
07	LU	50	
08	MA		
09	ME		
10	JE		
11	VE		
12	SA		
13	DI		
14	LU	51	
15	MA		
16	ME		
17	JE		
18	VE		
19	SA		
20	DI		
21	LU	52	
22	MA		
23	ME		
24	JE		
25	VE		
26	SA		
27	DI		
28	LU	53	
29	MA		
30	ME		
31	JE		

JUIL 2019

LU	MA	ME	JE	VE	SA	DI
1	2	3	4	5	6	7
8	9	10	11	12	13	14
15	16	17	18	19	20	21
22	23	24	25	26	27	28
29	30	31				

DATES IMPORTANTES

_____
_____
_____
_____
_____
_____
_____
_____
_____

TO DO'S

_____ ☐
_____ ☐
_____ ☐
_____ ☐
_____ ☐
_____ ☐
_____ ☐
_____ ☐
_____ ☐

SEP 2019

LU	MA	ME	JE	VE	SA	DI
						1
2	3	4	5	6	7	8
9	10	11	12	13	14	15
16	17	18	19	20	21	22
23	24	25	26	27	28	29
30						

Août

LUNDI	MARDI	MERCREDI
29	30	31
5	6	7
12	13	14
19	20	21
26	27	28
2	3	4

2019

JEUDI	VENDREDI	SAMEDI	DIMANCHE
1	2	3	4
8	9	10	11
15	16	17	18
22	23	24	25
29	30	31	1
5	6	7	8

Lundi
29
JUILLET

Mardi
30
JUILLET

Mercredi
31
JUILLET

Jeudi
01
AOÛT

Vendredi

02
AOÛT

Samedi

03
AOÛT

Dimanche

04
AOÛT

Lundi

05

AOÛT

Mardi

06

AOÛT

Mercredi

07

AOÛT

Jeudi

08

AOÛT

AOÛT 2019

Vendredi

09
AOÛT

☐
☐
☐
☐
☐
☐
☐

Samedi

10
AOÛT

☐
☐
☐
☐
☐
☐
☐

Dimanche

11
AOÛT

☐
☐
☐
☐
☐
☐
☐

SEMAINE 33

Lundi
12
AOÛT

Mardi
13
AOÛT

Mercredi
14
AOÛT

Jeudi
15
AOÛT

AOÛT 2019

Vendredi
16
AOÛT

☐
☐
☐
☐
☐
☐
☐

Samedi
17
AOÛT

☐
☐
☐
☐
☐
☐
☐

Dimanche
18
AOÛT

☐
☐
☐
☐
☐
☐
☐

SEMAINE 34

Lundi
19
AOÛT

- [ ]
- [ ]
- [ ]
- [ ]
- [ ]
- [ ]
- [ ]

Mardi
20
AOÛT

- [ ]
- [ ]
- [ ]
- [ ]
- [ ]
- [ ]
- [ ]

Mercredi
21
AOÛT

- [ ]
- [ ]
- [ ]
- [ ]
- [ ]
- [ ]
- [ ]

Jeudi
22
AOÛT

- [ ]
- [ ]
- [ ]
- [ ]
- [ ]
- [ ]
- [ ]

Vendredi
23
AOÛT

☐
☐
☐
☐
☐
☐
☐

Samedi
24
AOÛT

☐
☐
☐
☐
☐
☐

Dimanche
25
AOÛT

☐
☐
☐
☐
☐
☐
☐

SEMAINE 35

Lundi
26
AOÛT

Mardi
27
AOÛT

Mercredi
28
AOÛT

Jeudi
29
AOÛT

Vendredi
30
AOÛT

☐
☐
☐
☐
☐
☐
☐
☐

Samedi
31
AOÛT

☐
☐
☐
☐
☐
☐
☐
☐

Dimanche
01
SEPTEMBRE

☐
☐
☐
☐
☐
☐
☐

Septembre

AOÛT 2019

LU MA ME JE VE SA DI

				1	2	3	4
5	6	7	8	9	10	11
12	13	14	15	16	17	18
19	20	21	22	23	24	25
26	27	28	29	30	31

DATES IMPORTANTES

_____
_____
_____
_____
_____
_____
_____
_____
_____
_____

TO DO'S

_____ ☐
_____ ☐
_____ ☐
_____ ☐
_____ ☐
_____ ☐
_____ ☐
_____ ☐
_____ ☐

OCT 2019

LU MA ME JE VE SA DI

	1	2	3	4	5	6
7	8	9	10	11	12	13
14	15	16	17	18	19	20
21	22	23	24	25	26	27
28	29	30	31

LUNDI	MARDI	MERCREDI
26	27	28
2	3	4
9	10	11
16	17	18
23	24	25
30	1	2

2019

JEUDI	VENDREDI	SAMEDI	DIMANCHE
29	30	31	1
5	6	7	8
12	13	14	15
19	20	21	22
26	27	28	29
3	4	5	6

SEMAINE 36

Lundi
02
SEPTEMBRE

Mardi
03
SEPTEMBRE

Mercredi
04
SEPTEMBRE

Jeudi
05
SEPTEMBRE

Vendredi
06
SEPTEMBRE

☐
☐
☐
☐
☐
☐
☐

Samedi
07
SEPTEMBRE

☐
☐
☐
☐
☐
☐
☐

Dimanche
08
SEPTEMBRE

☐
☐
☐
☐
☐
☐
☐

SEMAINE 37

Lundi
09
SEPTEMBRE

Mardi
10
SEPTEMBRE

Mercredi
11
SEPTEMBRE

Jeudi
12
SEPTEMBRE

Vendredi

13

SEPTEMBRE

Samedi

14

SEPTEMBRE

Dimanche

15

SEPTEMBRE

SEMAINE 38

Lundi

16

SEPTEMBRE

☐
☐
☐
☐
☐
☐
☐

Mardi

17

SEPTEMBRE

☐
☐
☐
☐
☐
☐
☐

Mercredi

18

SEPTEMBRE

☐
☐
☐
☐
☐
☐
☐

Jeudi

19

SEPTEMBRE

☐
☐
☐
☐
☐
☐
☐

Vendredi
20
SEPTEMBRE

- [ ]
- [ ]
- [ ]
- [ ]
- [ ]
- [ ]
- [ ]
- [ ]

Samedi
21
SEPTEMBRE

- [ ]
- [ ]
- [ ]
- [ ]
- [ ]
- [ ]
- [ ]

Dimanche
22
SEPTEMBRE

- [ ]
- [ ]
- [ ]
- [ ]
- [ ]
- [ ]

SEMAINE 39

Lundi
23
SEPTEMBRE

- [ ]
- [ ]
- [ ]
- [ ]
- [ ]
- [ ]
- [ ]

Mardi
24
SEPTEMBRE

- [ ]
- [ ]
- [ ]
- [ ]
- [ ]
- [ ]
- [ ]

Mercredi
25
SEPTEMBRE

- [ ]
- [ ]
- [ ]
- [ ]
- [ ]
- [ ]
- [ ]

Jeudi
26
SEPTEMBRE

- [ ]
- [ ]
- [ ]
- [ ]
- [ ]
- [ ]
- [ ]

Vendredi
27
SEPTEMBRE

Samedi
28
SEPTEMBRE

Dimanche
29
SEPTEMBRE

SEP 2019

LU MA ME JE VE SA DI

						1
2	3	4	5	6	7	8
9	10	11	12	13	14	15
16	17	18	19	20	21	22
23	24	25	26	27	28	29
30						

DATES IMPORTANTES

_____
_____
_____
_____
_____
_____
_____
_____
_____
_____
_____

TO DO'S

_____ ☐
_____ ☐
_____ ☐
_____ ☐
_____ ☐
_____ ☐
_____ ☐
_____ ☐
_____ ☐

NOV 2019

LU MA ME JE VE SA DI

					1	2	3
4	5	6	7	8	9	10
11	12	13	14	15	16	17
18	19	20	21	22	23	24
25	26	27	28	29	30	

Octobre

LUNDI	MARDI	MERCREDI
30	1	2
7	8	9
14	15	16
21	22	23
28	29	30

2019

JEUDI	VENDREDI	SAMEDI	DIMANCHE
3	4	5	6
10	11	12	13
17	18	19	20
24	25	26	27
31	1	2	3

SEMAINE 40

Lundi
30
SEPTEMBRE

Mardi
01
OCTOBRE

Mercredi
02
OCTOBRE

Jeudi
03
OCTOBRE

SEPTEMBRE — OCTOBRE 2019

Vendredi
04
OCTOBRE

☐
☐
☐
☐
☐
☐
☐
☐

Samedi
05
OCTOBRE

☐
☐
☐
☐
☐
☐
☐
☐

Dimanche
06
OCTOBRE

☐
☐
☐
☐
☐
☐
☐

SEMAINE 41

Lundi
07
OCTOBRE

- [ ]
- [ ]
- [ ]
- [ ]
- [ ]
- [ ]
- [ ]

Mardi
08
OCTOBRE

- [ ]
- [ ]
- [ ]
- [ ]
- [ ]
- [ ]
- [ ]

Mercredi
09
OCTOBRE

- [ ]
- [ ]
- [ ]
- [ ]
- [ ]
- [ ]
- [ ]

Jeudi
10
OCTOBRE

- [ ]
- [ ]
- [ ]
- [ ]
- [ ]
- [ ]
- [ ]

Vendredi

11

OCTOBRE

☐
☐
☐
☐
☐
☐
☐

Samedi

12

OCTOBRE

☐
☐
☐
☐
☐
☐
☐

Dimanche

13

OCTOBRE

☐
☐
☐
☐
☐
☐
☐

SEMAINE 42

Lundi
14
OCTOBRE

☐
☐
☐
☐
☐
☐
☐
☐

Mardi
15
OCTOBRE

☐
☐
☐
☐
☐
☐
☐

Mercredi
16
OCTOBRE

☐
☐
☐
☐
☐
☐
☐

Jeudi
17
OCTOBRE

☐
☐
☐
☐
☐
☐
☐

Vendredi

18
OCTOBRE

☐
☐
☐
☐
☐
☐
☐

Samedi

19
OCTOBRE

☐
☐
☐
☐
☐
☐
☐

Dimanche

20
OCTOBRE

☐
☐
☐
☐
☐
☐
☐

Lundi
21
OCTOBRE

- [ ]
- [ ]
- [ ]
- [ ]
- [ ]
- [ ]
- [ ]

Mardi
22
OCTOBRE

- [ ]
- [ ]
- [ ]
- [ ]
- [ ]
- [ ]
- [ ]

Mercredi
23
OCTOBRE

- [ ]
- [ ]
- [ ]
- [ ]
- [ ]
- [ ]
- [ ]

Jeudi
24
OCTOBRE

- [ ]
- [ ]
- [ ]
- [ ]
- [ ]
- [ ]
- [ ]

Vendredi

25

OCTOBRE

☐
☐
☐
☐
☐
☐
☐
☐

Samedi

26

OCTOBRE

☐
☐
☐
☐
☐
☐
☐

Dimanche

27

OCTOBRE

☐
☐
☐
☐
☐
☐
☐

Lundi
28
OCTOBRE

Mardi
29
OCTOBRE

Mercredi
30
OCTOBRE

Jeudi
31
OCTOBRE

Vendredi
01
NOVEMBRE

Samedi
02
NOVEMBRE

Dimanche
03
NOVEMBRE

OCT 2019

LU MA ME JE VE SA DI

	1	2	3	4	5	6
7	8	9	10	11	12	13
14	15	16	17	18	19	20
21	22	23	24	25	26	27
28	29	30	31			

DATES IMPORTANTES

_____
_____
_____
_____
_____
_____
_____
_____
_____
_____

TO DO'S

_____ ☐
_____ ☐
_____ ☐
_____ ☐
_____ ☐
_____ ☐
_____ ☐
_____ ☐
_____ ☐

DEC 2019

LU MA ME JE VE SA DI

						1
2	3	4	5	6	7	8
9	10	11	12	13	14	15
16	17	18	19	20	21	22
23	24	25	26	27	28	29
30	31					

Novembre

LUNDI	MARDI	MERCREDI
28	29	30
4	5	6
11	12	13
18	19	20
25	26	27

2019

JEUDI	VENDREDI	SAMEDI	DIMANCHE
31	1	2	3
7	8	9	10
14	15	16	17
21	22	23	24
28	29	30	1

Lundi
04
NOVEMBRE

_____ ☐ _____
_____ ☐ _____
_____ ☐ _____
_____ ☐ _____
_____ ☐ _____
_____ ☐ _____
_____ ☐ _____

Mardi
05
NOVEMBRE

_____ ☐ _____
_____ ☐ _____
_____ ☐ _____
_____ ☐ _____
_____ ☐ _____
_____ ☐ _____
_____ ☐ _____

Mercredi
06
NOVEMBRE

_____ ☐ _____
_____ ☐ _____
_____ ☐ _____
_____ ☐ _____
_____ ☐ _____
_____ ☐ _____
_____ ☐ _____

Jeudi
07
NOVEMBRE

_____ ☐ _____
_____ ☐ _____
_____ ☐ _____
_____ ☐ _____
_____ ☐ _____
_____ ☐ _____
_____ ☐ _____

Vendredi

08
NOVEMBRE

☐
☐
☐
☐
☐
☐
☐

Samedi

09
NOVEMBRE

☐
☐
☐
☐
☐

Dimanche

10
NOVEMBRE

☐
☐
☐
☐
☐
☐
☐

SEMAINE 46

Lundi
11
NOVEMBRE

☐
☐
☐
☐
☐
☐
☐
☐

Mardi
12
NOVEMBRE

☐
☐
☐
☐
☐
☐
☐
☐

Mercredi
13
NOVEMBRE

☐
☐
☐
☐
☐
☐
☐
☐

Jeudi
14
NOVEMBRE

☐
☐
☐
☐
☐
☐
☐
☐

NOVEMBRE 2019

Vendredi
15
NOVEMBRE

☐
☐
☐
☐
☐
☐
☐

Samedi
16
NOVEMBRE

☐
☐
☐
☐
☐
☐

Dimanche
17
NOVEMBRE

☐
☐
☐
☐
☐
☐
☐

Lundi

18

NOVEMBRE

Mardi

19

NOVEMBRE

Mercredi

20

NOVEMBRE

Jeudi

21

NOVEMBRE

Vendredi

22

NOVEMBRE

Samedi

23

NOVEMBRE

Dimanche

24

NOVEMBRE

Lundi
25
NOVEMBRE

Mardi
26
NOVEMBRE

Mercredi
27
NOVEMBRE

Jeudi
28
NOVEMBRE

Vendredi
29
NOVEMBRE

- [ ]
- [ ]
- [ ]
- [ ]
- [ ]
- [ ]
- [ ]

Samedi
30
NOVEMBRE

- [ ]
- [ ]
- [ ]
- [ ]
- [ ]
- [ ]
- [ ]

Dimanche
01
DÉCEMBRE

- [ ]
- [ ]
- [ ]
- [ ]
- [ ]
- [ ]
- [ ]

NOV 2019

LU MA ME JE VE SA DI

					1	2	3
4	5	6	7	8	9	10
11	12	13	14	15	16	17
18	19	20	21	22	23	24
25	26	27	28	29	30

DATES IMPORTANTES

_____
_____
_____
_____
_____
_____
_____
_____
_____
_____

TO DO'S

_____ ☐
_____ ☐
_____ ☐
_____ ☐
_____ ☐
_____ ☐
_____ ☐
_____ ☐
_____ ☐

JAN 2020

LU MA ME JE VE SA DI

				1	2	3	4	5
6	7	8	9	10	11	12
13	14	15	16	17	18	19
20	21	22	23	24	25	26
27	28	29	30	31

Décembre

LUNDI	MARDI	MERCREDI
25	26	27
2	3	4
9	10	11
16	17	18
23	24	25
30	31	1

2019

JEUDI	VENDREDI	SAMEDI	DIMANCHE
28	29	30	1
5	6	7	8
12	13	14	15
19	20	21	22
26	27	28	29
2	3	4	5

SEMAINE 49

Lundi
02
DÉCEMBRE

Mardi
03
DÉCEMBRE

Mercredi
04
DÉCEMBRE

Jeudi
05
DÉCEMBRE

Vendredi
06
DÉCEMBRE

☐
☐
☐
☐
☐
☐
☐

Samedi
07
DÉCEMBRE

☐
☐
☐
☐
☐
☐
☐

Dimanche
08
DÉCEMBRE

☐
☐
☐
☐
☐
☐
☐

SEMAINE 50

Lundi
09
DÉCEMBRE

☐
☐
☐
☐
☐
☐
☐
☐

Mardi
10
DÉCEMBRE

☐
☐
☐
☐
☐
☐
☐
☐

Mercredi
11
DÉCEMBRE

☐
☐
☐
☐
☐
☐
☐
☐

Jeudi
12
DÉCEMBRE

☐
☐
☐
☐
☐
☐
☐
☐

Vendredi

13

DÉCEMBRE

☐
☐
☐
☐
☐
☐
☐

Samedi

14

DÉCEMBRE

☐
☐
☐
☐
☐
☐

Dimanche

15

DÉCEMBRE

☐
☐
☐
☐
☐
☐
☐

SEMAINE 51

Lundi
16
DÉCEMBRE

- [ ]
- [ ]
- [ ]
- [ ]
- [ ]
- [ ]
- [ ]
- [ ]

Mardi
17
DÉCEMBRE

- [ ]
- [ ]
- [ ]
- [ ]
- [ ]
- [ ]
- [ ]
- [ ]

Mercredi
18
DÉCEMBRE

- [ ]
- [ ]
- [ ]
- [ ]
- [ ]
- [ ]
- [ ]
- [ ]

Jeudi
19
DÉCEMBRE

- [ ]
- [ ]
- [ ]
- [ ]
- [ ]
- [ ]
- [ ]
- [ ]

Vendredi
20
DÉCEMBRE

Samedi
21
DÉCEMBRE

Dimanche
22
DÉCEMBRE

SEMAINE 52

Lundi

23

DÉCEMBRE

Mardi

24

DÉCEMBRE

Mercredi

25

DÉCEMBRE

Jeudi

26

DÉCEMBRE

Vendredi

27

DÉCEMBRE

☐
☐
☐
☐
☐
☐
☐

Samedi

28

DÉCEMBRE

☐
☐
☐
☐
☐
☐
☐

Dimanche

29

DÉCEMBRE

☐
☐
☐
☐
☐
☐
☐

DÉC 2019

LU	MA	ME	JE	VE	SA	DI
						1
2	3	4	5	6	7	8
9	10	11	12	13	14	15
16	17	18	19	20	21	22
23	24	25	26	27	28	29
30	31					

DATES IMPORTANTES

_____

_____

_____

_____

_____

_____

_____

_____

_____

_____

_____

_____

TO DO'S

_____ ☐

_____ ☐

_____ ☐

_____ ☐

_____ ☐

_____ ☐

_____ ☐

_____ ☐

_____ ☐

FÉV 2020

LU	MA	ME	JE	VE	SA	DI
					1	2
3	4	5	6	7	8	9
10	11	12	13	14	15	16
17	18	19	20	21	22	23
24	25	26	27	28	29	

Janvier

LUNDI	MARDI	MERCREDI
30	31	1
6	7	8
13	14	15
20	21	22
27	28	29

2020

JEUDI	VENDREDI	SAMEDI	DIMANCHE
2	3	4	5
9	10	11	12
16	17	18	19
23	24	25	26
30	31	1	2

SEMAINE 01

Lundi
30
DÉCEMBRE

Mardi
31
DÉCEMBRE

Mercredi
01
JANVIER

Jeudi
02
JANVIER

Vendredi

03
JANVIER

☐
☐
☐
☐
☐
☐
☐

Samedi

04
JANVIER

☐
☐
☐
☐
☐
☐
☐

Dimanche

05
JANVIER

☐
☐
☐
☐
☐
☐
☐

Lundi

06

JANVIER

Mardi

07

JANVIER

Mercredi

08

JANVIER

Jeudi

9

JANVIER

Vendredi
10
JANVIER

☐
☐
☐
☐
☐
☐
☐
☐

Samedi
11
JANVIER

☐
☐
☐
☐
☐
☐
☐

Dimanche
12
JANVIER

☐
☐
☐
☐
☐
☐
☐

SEMAINE 03

Lundi
13
JANVIER

Mardi
14
JANVIER

Mercredi
15
JANVIER

Jeudi
16
JANVIER

Vendredi
17
JANVIER

- [ ]
- [ ]
- [ ]
- [ ]
- [ ]
- [ ]
- [ ]

Samedi
18
JANVIER

- [ ]
- [ ]
- [ ]
- [ ]
- [ ]
- [ ]
- [ ]

Dimanche
19
JANVIER

- [ ]
- [ ]
- [ ]
- [ ]
- [ ]
- [ ]
- [ ]

Lundi
20
JANVIER

Mardi
21
JANVIER

Mercredi
22
JANVIER

Jeudi
23
JANVIER

Vendredi

24
JANVIER

☐
☐
☐
☐
☐
☐
☐

Samedi

25
JANVIER

☐
☐
☐
☐
☐
☐
☐

Dimanche

26
JANVIER

☐
☐
☐
☐
☐
☐
☐

Lundi

27
JANVIER

Mardi

28
JANVIER

Mercredi

29
JANVIER

Jeudi

30
JANVIER

Vendredi
31
JANVIER

☐
☐
☐
☐
☐
☐
☐

Samedi
01
FÉVRIER

☐
☐
☐
☐
☐
☐
☐

Dimanche
02
FÉVRIER

☐
☐
☐
☐
☐
☐
☐

JAN 2020

LU	MA	ME	JE	VE	SA	DI
				1	2	3	4	5
6	7	8	9	10	11	12
13	14	15	16	17	18	19
20	21	22	23	24	25	26
27	28	29	30	31

DATES IMPORTANTES

_____
_____
_____
_____
_____
_____
_____
_____
_____
_____

TO DO'S

_____ ☐
_____ ☐
_____ ☐
_____ ☐
_____ ☐
_____ ☐
_____ ☐
_____ ☐
_____ ☐

MAR 2020

LU	MA	ME	JE	VE	SA	DI
						1
2	3	4	5	6	7	8
9	10	11	12	13	14	15
16	17	18	19	20	21	22
23	24	25	26	27	28	29
30	31

Février

LUNDI	MARDI	MERCREDI
26	27	28
3	4	5
10	11	12
17	18	19
24	25	26

2020

JEUDI	VENDREDI	SAMEDI	DIMANCHE
29	30	1	2
6	7	8	9
13	14	15	16
20	21	22	23
27	28	29	1

SEMAINE 06

Lundi
03
FÉVRIER

Mardi
04
FÉVRIER

Mercredi
05
FÉVRIER

Jeudi
06
FÉVRIER

Vendredi
07
FÉVRIER

☐
☐
☐
☐
☐
☐
☐
☐

Samedi
08
FÉVRIER

☐
☐
☐
☐
☐
☐

Dimanche
09
FÉVRIER

☐
☐
☐
☐
☐
☐
☐

Lundi
10
FÉVRIER

Mardi
11
FÉVRIER

Mercredi
12
FÉVRIER

Jeudi
13
FÉVRIER

Vendredi
14
FÉVRIER

☐
☐
☐
☐
☐
☐
☐

Samedi
15
FÉVRIER

☐
☐
☐
☐
☐
☐
☐

Dimanche
16
FÉVRIER

☐
☐
☐
☐
☐
☐
☐

SEMAINE 08

Lundi
17
FÉVRIER

Mardi
18
FÉVRIER

Mercredi
19
FÉVRIER

Jeudi
20
FÉVRIER

FÉVRIER 2020

Vendredi
21
FÉVRIER

☐
☐
☐
☐
☐
☐
☐
☐

Samedi
22
FÉVRIER

☐
☐
☐
☐
☐
☐
☐

Dimanche
23
FÉVRIER

☐
☐
☐
☐
☐
☐
☐

Lundi
24
FÉVRIER

Mardi
25
FÉVRIER

Mercredi
26
FÉVRIER

Jeudi
27
FÉVRIER

Vendredi
28
FÉVRIER

Samedi
29
FÉVRIER

Dimanche
01
MARS

FÉV 2020

LU	MA	ME	JE	VE	SA	DI
					1	2
3	4	5	6	7	8	9
10	11	12	13	14	15	16
17	18	19	20	21	22	23
24	25	26	27	28	29	

Mars

DATES IMPORTANTES

_____
_____
_____
_____
_____
_____
_____
_____
_____
_____
_____

TO DO'S

_____ ☐
_____ ☐
_____ ☐
_____ ☐
_____ ☐
_____ ☐
_____ ☐
_____ ☐
_____ ☐

AVR 2020

LU	MA	ME	JE	VE	SA	DI
		1	2	3	4	5
6	7	8	9	10	11	12
13	14	15	16	17	18	19
20	21	22	23	24	25	26
27	28	29	30			

LUNDI	MARDI	MERCREDI
24	25	26
2	3	4
9	10	11
16	17	18
23	24	25
30	31	

2020

JEUDI	VENDREDI	SAMEDI	DIMANCHE
27	28	29	1
5	6	7	8
12	13	14	15
19	20	21	22
26	27	28	29

Lundi
02
MARS

- [ ]
- [ ]
- [ ]
- [ ]
- [ ]
- [ ]
- [ ]

Mardi
03
MARS

- [ ]
- [ ]
- [ ]
- [ ]
- [ ]
- [ ]
- [ ]

Mercredi
04
MARS

- [ ]
- [ ]
- [ ]
- [ ]
- [ ]
- [ ]
- [ ]

Jeudi
05
MARS

- [ ]
- [ ]
- [ ]
- [ ]
- [ ]
- [ ]
- [ ]

Vendredi
06
MARS

☐
☐
☐
☐
☐
☐
☐

Samedi
07
MARS

☐
☐
☐
☐
☐
☐
☐

Dimanche
08
MARS

☐
☐
☐
☐
☐
☐
☐

SEMAINE 11

☐

☐

☐

☐

☐

☐

☐

☐

Lundi
09
MARS

☐

☐

☐

☐

☐

☐

☐

☐

Mardi
10
MARS

☐

☐

☐

☐

☐

☐

☐

☐

Mercredi
11
MARS

☐

☐

☐

☐

☐

☐

☐

☐

Jeudi
12
MARS

Vendredi
13
MARS

☐
☐
☐
☐
☐
☐
☐

Samedi
14
MARS

☐
☐
☐
☐
☐
☐
☐

Dimanche
15
MARS

☐
☐
☐
☐
☐
☐
☐

Lundi

16

MARS

Mardi

17

MARS

Mercredi

18

MARS

Jeudi

19

MARS

Vendredi
20
MARS

☐
☐
☐
☐
☐
☐
☐

Samedi
21
MARS

☐
☐
☐
☐
☐
☐
☐

Dimanche
22
MARS

☐
☐
☐
☐
☐
☐
☐

Lundi
23
MARS

Mardi
24
MARS

Mercredi
25
MARS

Jeudi
26
MARS

Vendredi
27
MARS

☐
☐
☐
☐
☐
☐
☐

Samedi
28
MARS

☐
☐
☐
☐
☐
☐
☐

Dimanche
29
MARS

☐
☐
☐
☐
☐
☐
☐

Avril

DATES IMPORTANTES

_____

_____

_____

_____

_____

_____

_____

_____

_____

_____

TO DO'S

_____ ☐

_____ ☐

_____ ☐

_____ ☐

_____ ☐

_____ ☐

_____ ☐

_____ ☐

_____ ☐

MAI 2020

LU MA ME JE VE SA DI

				1	2	3
4	5	6	7	8	9	10
11	12	13	14	15	16	17
18	19	20	21	22	23	24
25	26	27	28	29	30	31

LUNDI	MARDI	MERCREDI
30	31	1
6	7	8
13	14	15
20	21	22
27	28	29

2020

JEUDI	VENDREDI	SAMEDI	DIMANCHE
2	3	4	5
9	10	11	12
16	17	18	19
23	24	25	26
30	1	2	3

Lundi
30
MARS

Mardi
31
MARS

Mercredi
01
AVRIL

Jeudi
02
AVRIL

Vendredi
03
AVRIL

- [ ]
- [ ]
- [ ]
- [ ]
- [ ]
- [ ]
- [ ]

Samedi
04
AVRIL

- [ ]
- [ ]
- [ ]
- [ ]
- [ ]
- [ ]

Dimanche
05
AVRIL

- [ ]
- [ ]
- [ ]
- [ ]
- [ ]
- [ ]
- [ ]

SEMAINE 15

Lundi
06
AVRIL

- [ ]
- [ ]
- [ ]
- [ ]
- [ ]
- [ ]
- [ ]

Mardi
07
AVRIL

- [ ]
- [ ]
- [ ]
- [ ]
- [ ]
- [ ]
- [ ]

Mercredi
08
AVRIL

- [ ]
- [ ]
- [ ]
- [ ]
- [ ]
- [ ]
- [ ]

Jeudi
09
AVRIL

- [ ]
- [ ]
- [ ]
- [ ]
- [ ]
- [ ]
- [ ]

Vendredi
10
AVRIL

☐
☐
☐
☐
☐
☐
☐

Samedi
11
AVRIL

☐
☐
☐
☐
☐
☐
☐

Dimanche
12
AVRIL

☐
☐
☐
☐
☐
☐
☐

SEMAINE 16

Lundi
13
AVRIL

☐

Mardi
14
AVRIL

☐

Mercredi
15
AVRIL

☐

Jeudi
16
AVRIL

☐

Vendredi
17
AVRIL

☐
☐
☐
☐
☐
☐
☐

Samedi
18
AVRIL

☐
☐
☐
☐
☐
☐
☐

Dimanche
19
AVRIL

☐
☐
☐
☐
☐
☐
☐

Lundi
20
AVRIL

Mardi
21
AVRIL

Mercredi
22
AVRIL

Jeudi
23
AVRIL

Vendredi
24
AVRIL

☐
☐
☐
☐
☐
☐
☐

Samedi
25
AVRIL

☐
☐
☐
☐
☐
☐
☐

Dimanche
26
AVRIL

☐
☐
☐
☐
☐
☐
☐

SEMAINE 18

Lundi
27
AVRIL

- [ ]
- [ ]
- [ ]
- [ ]
- [ ]
- [ ]
- [ ]

Mardi
28
AVRIL

- [ ]
- [ ]
- [ ]
- [ ]
- [ ]
- [ ]
- [ ]

Mercredi
29
AVRIL

- [ ]
- [ ]
- [ ]
- [ ]
- [ ]
- [ ]
- [ ]

Jeudi
30
AVRIL

- [ ]
- [ ]
- [ ]
- [ ]
- [ ]
- [ ]
- [ ]

Vendredi
01
MAI

Samedi
02
MAI

Dimanche
03
MAI

DATES IMPORTANTES

_____
_____
_____
_____
_____
_____
_____
_____
_____
_____
_____
_____

TO DO'S

_____ ☐
_____ ☐
_____ ☐
_____ ☐
_____ ☐
_____ ☐
_____ ☐
_____ ☐
_____ ☐

JUIN 2020

LU MA ME JE VE SA DI
 1 2 3 4 5 6 7
 8 9 10 11 12 13 14
15 16 17 18 19 20 21
22 23 24 25 26 27 28
29 30

Mai

LUNDI	MARDI	MERCREDI
27	28	29
4	5	6
11	12	13
18	19	20
25	26	27

2020

JEUDI	VENDREDI	SAMEDI	DIMANCHE
30	1	2	3
7	8	9	10
14	15	16	17
21	22	23	24
28	29	30	31

SEMAINE 19

Lundi
04
MAI

☐
☐
☐
☐
☐
☐
☐
☐

Mardi
05
MAI

☐
☐
☐
☐
☐
☐
☐
☐

Mercredi
06
MAI

☐
☐
☐
☐
☐
☐
☐
☐

Jeudi
07
MAI

☐
☐
☐
☐
☐
☐
☐
☐

Vendredi
08
MAI

☐
☐
☐
☐
☐
☐
☐

Samedi
09
MAI

☐
☐
☐
☐
☐
☐
☐

Dimanche
10
MAI

☐
☐
☐
☐
☐
☐
☐

Lundi

11
MAI

Mardi

12
MAI

Mercredi

13
MAI

Jeudi

14
MAI

Vendredi
15
MAI

☐
☐
☐
☐
☐
☐
☐

Samedi
16
MAI

☐
☐
☐
☐
☐
☐
☐

Dimanche
17
MAI

☐
☐
☐
☐
☐
☐
☐

Lundi

18
MAI

☐
☐
☐
☐
☐
☐
☐
☐

Mardi

19
MAI

☐
☐
☐
☐
☐
☐
☐
☐

Mercredi

20
MAI

☐
☐
☐
☐
☐
☐
☐
☐

Jeudi

21
MAI

☐
☐
☐
☐
☐
☐
☐
☐

Vendredi

22
MAI

☐
☐
☐
☐
☐
☐
☐

Samedi

23
MAI

☐
☐
☐
☐
☐
☐
☐

Dimanche

24
MAI

☐
☐
☐
☐
☐
☐
☐

Lundi
25
MAI

Mardi
26
MAI

Mercredi
27
MAI

Jeudi
28
MAI

Vendredi
29
MAI

☐
☐
☐
☐
☐
☐
☐

Samedi
30
MAI

☐
☐
☐
☐
☐
☐
☐

Dimanche
31
MAI

☐
☐
☐
☐
☐
☐
☐

					1	2	3
4	5	6	7	8	9	10
11	12	13	14	15	16	17
18	19	20	21	22	23	24
25	26	27	28	29	30	31

DATES IMPORTANTES

_____
_____
_____
_____
_____
_____
_____
_____
_____
_____

TO DO's

_____ ☐
_____ ☐
_____ ☐
_____ ☐
_____ ☐
_____ ☐
_____ ☐
_____ ☐
_____ ☐

					1	2	3	4	5
6	7	8	9	10	11	12
13	14	15	16	17	18	19
20	21	22	23	24	25	26
27	28	29	30	31

Juin

LUNDI	MARDI	MERCREDI
1	2	3
8	9	10
15	16	17
22	23	24
29	30	1

2020

JEUDI	VENDREDI	SAMEDI	DIMANCHE
4	5	6	7
11	12	13	14
18	19	20	21
25	26	27	28
2	3	4	5

SEMAINE 23

Lundi
01
JUIN

☐
☐
☐
☐
☐
☐
☐

Mardi
02
JUIN

☐
☐
☐
☐
☐
☐
☐

Mercredi
03
JUIN

☐
☐
☐
☐
☐
☐
☐
☐

Jeudi
04
JUIN

☐
☐
☐
☐
☐
☐

Vendredi

05
JUIN

☐
☐
☐
☐
☐
☐
☐

Samedi

06
JUIN

☐
☐
☐
☐
☐
☐
☐

Dimanche

07
JUIN

☐
☐
☐
☐
☐
☐
☐

SEMAINE 24

Lundi
08
JUIN

Mardi
09
JUIN

Mercredi
10
JUIN

Jeudi
11
JUIN

Vendredi
12
JUIN

☐
☐
☐
☐
☐
☐
☐
☐

Samedi
13
JUIN

☐
☐
☐
☐
☐
☐
☐
☐

Dimanche
14
JUIN

☐
☐
☐
☐
☐
☐
☐

Lundi
15
JUIN

Mardi
16
JUIN

Mercredi
17
JUIN

Jeudi
18
JUIN

Vendredi
19
JUIN

☐
☐
☐
☐
☐
☐
☐

Samedi
20
JUIN

☐
☐
☐
☐
☐
☐
☐

Dimanche
21
JUIN

☐
☐
☐
☐
☐
☐
☐

Lundi
22
JUIN

- [ ]
- [ ]
- [ ]
- [ ]
- [ ]
- [ ]
- [ ]
- [ ]

Mardi
23
JUIN

- [ ]
- [ ]
- [ ]
- [ ]
- [ ]
- [ ]
- [ ]

Mercredi
24
JUIN

- [ ]
- [ ]
- [ ]
- [ ]
- [ ]
- [ ]
- [ ]

Jeudi
25
JUIN

- [ ]
- [ ]
- [ ]
- [ ]
- [ ]
- [ ]

Vendredi
26
JUIN

Samedi
27
JUIN

Dimanche
28
JUIN

Lundi
29
JUIN

Mardi
30
JUIN

Mercredi
01
JUILLET

Jeudi
02
JUILLET

Vendredi

03
JUILLET

☐
☐
☐
☐
☐
☐
☐
☐

Samedi

04
JUILLET

☐
☐
☐
☐
☐
☐
☐

Dimanche

05
JUILLET

☐
☐
☐
☐
☐
☐
☐

JUIN 2020

LU	MA	ME	JE	VE	SA	DI
1	2	3	4	5	6	7
8	9	10	11	12	13	14
15	16	17	18	19	20	21
22	23	24	25	26	27	28
29	30					

DATES IMPORTANTES

_____
_____
_____
_____
_____
_____
_____
_____
_____
_____

TO DO'S

_____ ☐
_____ ☐
_____ ☐
_____ ☐
_____ ☐
_____ ☐
_____ ☐
_____ ☐
_____ ☐

AOÛT 2020

LU	MA	ME	JE	VE	SA	DI
					1	2
3	4	5	6	7	8	9
10	11	12	13	14	15	16
17	18	19	20	21	22	23
24	25	26	27	28	29	30

Juillet

LUNDI	MARDI	MERCREDI
29	30	1
6	7	8
13	14	15
20	21	22
27	28	29

2020

JEUDI	VENDREDI	SAMEDI	DIMANCHE
2	3	4	5
9	10	11	12
16	17	18	19
23	24	25	26
30	31	1	2

SEMAINE 28

Lundi
06
JUILLET

Mardi
07
JUILLET

Mercredi
08
JUILLET

Jeudi
09
JUILLET

Vendredi
10
JUILLET

☐
☐
☐
☐
☐
☐
☐

Samedi
11
JUILLET

☐
☐
☐
☐
☐
☐
☐

Dimanche
12
JUILLET

☐
☐
☐
☐
☐
☐
☐

SEMAINE 29

Lundi
13
JUILLET

Mardi
14
JUILLET

Mercredi
15
JUILLET

Jeudi
16
JUILLET

Vendredi

17
JUILLET

- [ ]
- [ ]
- [ ]
- [ ]
- [ ]
- [ ]
- [ ]

Samedi

18
JUILLET

- [ ]
- [ ]
- [ ]
- [ ]
- [ ]
- [ ]

Dimanche

19
JUILLET

- [ ]
- [ ]
- [ ]
- [ ]
- [ ]
- [ ]
- [ ]

SEMAINE 30

Lundi
20
JUILLET

Mardi
21
JUILLET

Mercredi
22
JUILLET

Jeudi
23
JUILLET

Vendredi
24
JUILLET

☐
☐
☐
☐
☐
☐
☐

Samedi
25
JUILLET

☐
☐
☐
☐
☐
☐
☐

Dimanche
26
JUILLET

☐
☐
☐
☐
☐
☐
☐

Lundi
27
JUILLET

- [ ]
- [ ]
- [ ]
- [ ]
- [ ]
- [ ]
- [ ]
- [ ]

Mardi
28
JUILLET

- [ ]
- [ ]
- [ ]
- [ ]
- [ ]
- [ ]
- [ ]

Mercredi
29
JUILLET

- [ ]
- [ ]
- [ ]
- [ ]
- [ ]
- [ ]
- [ ]

Jeudi
30
JUILLET

- [ ]
- [ ]
- [ ]
- [ ]
- [ ]
- [ ]
- [ ]

Vendredi
31
AOÛT

☐
☐
☐
☐
☐
☐
☐

Samedi
01
AOÛT

☐
☐
☐
☐
☐
☐
☐

Dimanche
02
AOÛT

☐
☐
☐
☐
☐
☐
☐

JUIL 2020

LU	MA	ME	JE	VE	SA	DI
		1	2	3	4	5
6	7	8	9	10	11	12
13	14	15	16	17	18	19
20	21	22	23	24	25	26
27	28	29	30	31		

DATES IMPORTANTES

_____
_____
_____
_____
_____
_____
_____
_____
_____
_____
_____
_____

TO DO'S

_____ ☐
_____ ☐
_____ ☐
_____ ☐
_____ ☐
_____ ☐
_____ ☐
_____ ☐
_____ ☐

SEP 2020

LU	MA	ME	JE	VE	SA	DI
	1	2	3	4	5	6
7	8	9	10	11	12	13
14	15	16	17	18	19	20
21	22	23	24	25	26	27
28	29	30				

Août

LUNDI	MARDI	MERCREDI
27	28	29
3	4	5
10	11	12
17	18	19
24	25	26
31		

2020

JEUDI	VENDREDI	SAMEDI	DIMANCHE
30	31	1	2
6	7	8	9
13	14	15	16
20	21	22	23
27	28	29	30

Lundi
03
AOÛT

Mardi
04
AOÛT

Mercredi
05
AOÛT

Jeudi
06
AOÛT

Vendredi
07
AOÛT

Samedi
08
AOÛT

Dimanche
09
AOÛT

SEMAINE 33

Lundi
10
AOÛT

Mardi
11
AOÛT

Mercredi
12
AOÛT

Jeudi
13
AOÛT

Vendredi
14
AOÛT

☐
☐
☐
☐
☐
☐
☐

Samedi
15
AOÛT

☐
☐
☐
☐
☐
☐
☐

Dimanche
16
AOÛT

☐
☐
☐
☐
☐
☐
☐

SEMAINE 34

Lundi
17
AOÛT

Mardi
18
AOÛT

Mercredi
19
AOÛT

Jeudi
20
AOÛT

Vendredi
21
AOÛT

Samedi
22
AOÛT

Dimanche
23
AOÛT

SEMAINE 35

☐ ─────────── Lundi

☐

☐ **24**

☐ AOÛT

☐

☐

☐

☐ ─────────── Mardi

☐

☐ **25**

☐ AOÛT

☐

☐

☐

☐ ─────────── Mercredi

☐

☐ **26**

☐ AOÛT

☐

☐

☐

☐ ─────────── Jeudi

☐

☐ **27**

☐ AOÛT

☐

☐

☐

Vendredi

28
AOÛT

☐
☐
☐
☐
☐
☐
☐

Samedi

29
AOÛT

☐
☐
☐
☐
☐
☐
☐

Dimanche

30
AOÛT

☐
☐
☐
☐
☐
☐
☐

DATES IMPORTANTES

_____
_____
_____
_____
_____
_____
_____
_____
_____
_____
_____
_____
_____
_____

TO DO'S

_____ ☐
_____ ☐
_____ ☐
_____ ☐
_____ ☐
_____ ☐
_____ ☐
_____ ☐
_____ ☐

Septembre

LUNDI	MARDI	MERCREDI
31	1	2
7	8	9
14	15	16
21	22	23
28	29	30

2020

JEUDI	VENDREDI	SAMEDI	DIMANCHE
3	4	5	6
10	11	12	13
17	18	19	20
24	25	26	27
1	2	3	4

SEMAINE 36

Lundi
31
AOÛT

Mardi
01
SEPTEMBRE

Mercredi
02
SEPTEMBRE

Jeudi
03
SEPTEMBRE

Vendredi
04
SEPTEMBRE

☐
☐
☐
☐
☐
☐
☐

Samedi
05
SEPTEMBRE

☐
☐
☐
☐
☐
☐
☐

Dimanche
06
SEPTEMBRE

☐
☐
☐
☐
☐
☐
☐

SEMAINE 37

Lundi
07
SEPTEMBRE

Mardi
08
SEPTEMBRE

Mercredi
09
SEPTEMBRE

Jeudi
10
SEPTEMBRE

Vendredi
11
SEPTEMBRE

☐
☐
☐
☐
☐
☐
☐

Samedi
12
SEPTEMBRE

☐
☐
☐
☐
☐
☐
☐

Dimanche
13
SEPTEMBRE

☐
☐
☐
☐
☐
☐
☐

SEMAINE 38

_____ ☐ _____
_____ ☐ _____
_____ ☐ _____
_____ ☐ _____
_____ ☐ _____
_____ ☐ _____
_____ ☐ _____
_____ ☐ _____

Lundi
14
SEPTEMBRE

_____ ☐ _____
_____ ☐ _____
_____ ☐ _____
_____ ☐ _____
_____ ☐ _____
_____ ☐ _____
_____ ☐ _____
_____ ☐ _____

Mardi
15
SEPTEMBRE

_____ ☐ _____
_____ ☐ _____
_____ ☐ _____
_____ ☐ _____
_____ ☐ _____
_____ ☐ _____
_____ ☐ _____
_____ ☐ _____

Mercredi
16
SEPTEMBRE

_____ ☐ _____
_____ ☐ _____
_____ ☐ _____
_____ ☐ _____
_____ ☐ _____
_____ ☐ _____
_____ ☐ _____
_____ ☐ _____

Jeudi
17
SEPTEMBRE

Vendredi
18
SEPTEMBRE

Samedi
19
SEPTEMBRE

Dimanche
20
SEPTEMBRE

SEMAINE 39

_____ ☐ _____ *Lundi*
_____ ☐ _____ **21**
_____ ☐ _____ SEPTEMBRE
_____ ☐ _____
_____ ☐ _____
_____ ☐ _____
_____ ☐ _____
_____ ☐ _____

_____ ☐ _____ *Mardi*
_____ ☐ _____ **22**
_____ ☐ _____ SEPTEMBRE
_____ ☐ _____
_____ ☐ _____
_____ ☐ _____
_____ ☐ _____

_____ ☐ _____ *Mercredi*
_____ ☐ _____ **23**
_____ ☐ _____ SEPTEMBRE
_____ ☐ _____
_____ ☐ _____
_____ ☐ _____
_____ ☐ _____
_____ ☐ _____

_____ ☐ _____ *Jeudi*
_____ ☐ _____ **24**
_____ ☐ _____ SEPTEMBRE
_____ ☐ _____
_____ ☐ _____
_____ ☐ _____
_____ ☐ _____

Vendredi
25
SEPTEMBRE

Samedi
26
SEPTEMBRE

Dimanche
27
SEPTEMBRE

SEMAINE 40

Lundi
28
SEPTEMBRE

- [ ]
- [ ]
- [ ]
- [ ]
- [ ]
- [ ]
- [ ]

Mardi
29
SEPTEMBRE

- [ ]
- [ ]
- [ ]
- [ ]
- [ ]
- [ ]
- [ ]

Mercredi
30
SEPTEMBRE

- [ ]
- [ ]
- [ ]
- [ ]
- [ ]
- [ ]
- [ ]

Jeudi
01
OCTOBRE

- [ ]
- [ ]
- [ ]
- [ ]
- [ ]
- [ ]
- [ ]

Vendredi
02
OCTOBRE

☐
☐
☐
☐
☐
☐
☐

Samedi
03
OCTOBRE

☐
☐
☐
☐
☐
☐
☐

Dimanche
04
OCTOBRE

☐
☐
☐
☐
☐
☐

SEP 2020

LU MA ME JE VE SA DI

1 2 3 4 5 6
7 8 9 10 11 12 13
14 15 16 17 18 19 20
21 22 23 24 25 26 27
28 29 30

Octobre

DATES IMPORTANTES

_____
_____
_____
_____
_____
_____
_____
_____
_____
_____

TO DO'S

_____ ☐
_____ ☐
_____ ☐
_____ ☐
_____ ☐
_____ ☐
_____ ☐
_____ ☐
_____ ☐

NOV 2020

LU MA ME JE VE SA DI

1
2 3 4 5 6 7 8
9 10 11 12 13 14 15
16 17 18 19 20 21 22
23 24 25 26 27 28 29
30

LUNDI	MARDI	MERCREDI
28	29	30
5	6	7
12	13	14
19	20	21
26	27	28
2	3	4

2020

JEUDI	VENDREDI	SAMEDI	DIMANCHE
1	2	3	4
8	9	10	11
15	16	17	18
22	23	24	25
29	30	31	1
5	6	7	8

SEMAINE 41

Lundi
05
OCTOBRE

Mardi
06
SEPTEMBRE

Mercredi
07
SEPTEMBRE

Jeudi
08
OCTOBRE

OCTOBRE 2020

Vendredi
09
OCTOBRE

☐
☐
☐
☐
☐
☐
☐

Samedi
10
OCTOBRE

☐
☐
☐
☐
☐
☐
☐

Dimanche
11
OCTOBRE

☐
☐
☐
☐
☐
☐
☐

SEMAINE 42

Lundi
12
OCTOBRE

☐
☐
☐
☐
☐
☐
☐

Mardi
13
SEPTEMBRE

☐
☐
☐
☐
☐
☐
☐

Mercredi
14
SEPTEMBRE

☐
☐
☐
☐
☐
☐
☐

Jeudi
15
OCTOBRE

☐
☐
☐
☐
☐
☐
☐

Vendredi
16
OCTOBRE

☐
☐
☐
☐
☐
☐
☐

Samedi
17
OCTOBRE

☐
☐
☐
☐
☐
☐
☐

Dimanche
18
OCTOBRE

☐
☐
☐
☐
☐
☐
☐

Lundi
19
OCTOBRE

Mardi
20
SEPTEMBRE

Mercredi
21
SEPTEMBRE

Jeudi
22
OCTOBRE

Vendredi
23
OCTOBRE

Samedi
24
OCTOBRE

Dimanche
25
OCTOBRE

Lundi
26
OCTOBRE

Mardi
27
SEPTEMBRE

Mercredi
28
SEPTEMBRE

Jeudi
29
OCTOBRE

Vendredi
30
OCTOBRE

☐
☐
☐
☐
☐
☐
☐

Samedi
31
OCTOBRE

☐
☐
☐
☐
☐
☐
☐

Dimanche
01
NOVEMBRE

☐
☐
☐
☐
☐
☐
☐

Novembre

DATES IMPORTANTES

_____
_____
_____
_____
_____
_____
_____
_____
_____
_____
_____

TO DO'S

_____ ☐
_____ ☐
_____ ☐
_____ ☐
_____ ☐
_____ ☐
_____ ☐
_____ ☐
_____ ☐

DÉC 2020
LU MA ME JE VE SA DI

1	2	3	4	5	6
7	8	9	10	11	12	13
14	15	16	17	18	19	20
21	22	23	24	25	26	27
28	29	30	31

LUNDI	MARDI	MERCREDI
26	27	28
2	3	4
9	10	11
16	17	18
23	24	25
30		

2020

JEUDI	VENDREDI	SAMEDI	DIMANCHE
29	30	31	1
5	6	7	8
12	13	14	15
19	20	21	22
26	27	28	29

SEMAINE 45

Lundi
02
NOVEMBRE

Mardi
03
NOVEMBRE

Mercredi
04
NOVEMBRE

Jeudi
05
NOVEMBRE

NOVEMBRE 2020

Vendredi
06
NOVEMBRE

Samedi
07
NOVEMBRE

Dimanche
08
NOVEMBRE

Lundi
09
NOVEMBRE

Mardi
10
NOVEMBRE

Mercredi
11
NOVEMBRE

Jeudi
12
NOVEMBRE

Vendredi

13

NOVEMBRE

☐
☐
☐
☐
☐
☐
☐

Samedi

14

NOVEMBRE

☐
☐
☐
☐
☐
☐

Dimanche

15

NOVEMBRE

☐
☐
☐
☐
☐
☐
☐

SEMAINE 47

☐	**Lundi** **16** NOVEMBRE
☐	**Mardi** **17** NOVEMBRE
☐	**Mercredi** **18** NOVEMBRE
☐	**Jeudi** **19** NOVEMBRE

Vendredi
20
NOVEMBRE

Samedi
21
NOVEMBRE

Dimanche
22
NOVEMBRE

SEMAINE 48

☐
☐
☐
☐
☐
☐
☐

Lundi
23
NOVEMBRE

☐
☐
☐
☐
☐
☐
☐

Mardi
24
NOVEMBRE

☐
☐
☐
☐
☐
☐
☐

Mercredi
25
NOVEMBRE

☐
☐
☐
☐
☐
☐
☐

Jeudi
26
NOVEMBRE

Vendredi
27
NOVEMBRE

☐
☐
☐
☐
☐
☐
☐
☐

Samedi
28
NOVEMBRE

☐
☐
☐
☐
☐
☐
☐
☐

Dimanche
29
NOVEMBRE

☐
☐
☐
☐
☐
☐
☐

Décembre

NOV 2020
LU MA ME JE VE SA DI

						1
2	3	4	5	6	7	8
9	10	11	12	13	14	15
16	17	18	19	20	21	22
23	24	25	26	27	28	29
30						

DATES IMPORTANTES

_____
_____
_____
_____
_____
_____
_____
_____
_____
_____

TO DO'S

_____ ☐
_____ ☐
_____ ☐
_____ ☐
_____ ☐
_____ ☐
_____ ☐
_____ ☐
_____ ☐

JAN 2021
LU MA ME JE VE SA DI

				1	2	3
4	5	6	7	8	9	10
11	12	13	14	15	16	17
18	19	20	21	22	23	24
25	26	27	28	29	30	31

LUNDI	MARDI	MERCREDI
30	1	2
7	8	9
14	15	16
21	22	23
28	29	30

2020

JEUDI	VENDREDI	SAMEDI	DIMANCHE
3	4	5	6
10	11	12	13
17	18	19	20
24	25	26	27
31	1	2	3

Lundi
30
NOVEMBRE

Mardi
01
DÉCEMBRE

Mercredi
02
DÉCEMBRE

Jeudi
03
DÉCEMBRE

Vendredi
04
DÉCEMBRE

Samedi
05
DÉCEMBRE

Dimanche
06
DÉCEMBRE

Lundi
07
DÉCEMBRE

Mardi
08
DÉCEMBRE

Mercredi
09
DÉCEMBRE

Jeudi
10
DÉCEMBRE

Vendredi

11

DÉCEMBRE

☐
☐
☐
☐
☐
☐
☐

Samedi

12

DÉCEMBRE

☐
☐
☐
☐
☐
☐
☐

Dimanche

13

DÉCEMBRE

☐
☐
☐
☐
☐
☐
☐

Lundi
14
DÉCEMBRE

Mardi
15
DÉCEMBRE

Mercredi
16
DÉCEMBRE

Jeudi
17
DÉCEMBRE

Vendredi
18
DÉCEMBRE

☐
☐
☐
☐
☐
☐
☐

Samedi
19
DÉCEMBRE

☐
☐
☐
☐
☐
☐
☐

Dimanche
20
DÉCEMBRE

☐
☐
☐
☐
☐
☐
☐

SEMAINE 52

Lundi
21
DÉCEMBRE

☐
☐
☐
☐
☐
☐
☐

Mardi
22
DÉCEMBRE

☐
☐
☐
☐
☐
☐
☐

Mercredi
23
DÉCEMBRE

☐
☐
☐
☐
☐
☐
☐

Jeudi
24
DÉCEMBRE

☐
☐
☐
☐
☐
☐
☐

Vendredi
25
DÉCEMBRE

☐
☐
☐
☐
☐
☐
☐

Samedi
26
DÉCEMBRE

☐
☐
☐
☐
☐
☐

Dimanche
27
DÉCEMBRE

☐
☐
☐
☐
☐
☐
☐

Lundi
28
DÉCEMBRE

Mardi
29
DÉCEMBRE

Mercredi
30
DÉCEMBRE

Jeudi
31
DÉCEMBRE

Vendredi
01
JANVIER

☐
☐
☐
☐
☐
☐
☐
☐

Samedi
02
JANVIER

☐
☐
☐
☐
☐
☐
☐

Dimanche
03
JANVIER

☐
☐
☐
☐
☐
☐
☐

Notes

Vacances en france

2019	2020	
01. Janvier	01. Janvier	Jour de l'an
19. Avril	10. Avril	Vendredi saint
22. Avril	13. Avril	Lundi de Pâques
01. Mai	01. Mai	Fête du Travail
08. Mai	08. Mai	Fête de la Victoire
30. Mai	21. Mai	Ascension
10. Juin	01. Juin	Lundi de Pentecôte
14. Juillet	14. Juillet	Fête Nationale
15. Août	15. Août	Assomption
01. Novembre	01. Novembre	Toussaint
11. Novembre	11. Novembre	Armistice de 1918
25. Décembre	25. Décembre	Noël
26. Décembre	26. Décembre	Deuxième jour de Noël

Contacts

NOM	É-MAIL	MOBILE

Mots de passe

WEBSITE	É-MAIL	MOT DE PASSE

Impressum

Feedback:
feedback@mertens-publication.de

Edition : Books on Demand,
12/14 rond-Point des Champs-Elysées, 75008 Paris
Impression : BoD - Books on Demand, Norderstedt, Allemagne
ISBN :
9782322126989

Mertens Ventures Ltd.
Tefkrou Anthia No 2 Office 301
6045 Larnaca
Zypern
E-Mail: kontakt@mertens-publication.de

Dépôt légal : juillet 2019